BOEKANALYSE

De waarheid over de zaak Harry Quebert

· · · · · · · · · · · · · · · ·

JOËL DICKER

BOEKANALYSE

Geschreven door Luigia Pattano
Vertaald door Nikki Claes

De waarheid over de zaak Harry Quebert

JOËL DICKER

JOËL DICKER

ZWITSERSE SCHRIJVER VAN FRANSE BOEKEN

- **Geboren in Genève in 1985**
- **Geselecteerde werken:**
  - *De tijger* (2005), kort verhaal
  - *De laatste dagen van onze vaders* (2010), roman
  - *De waarheid over de zaak Harry Quebert* (2012), roman

Joël Dicker, een Franstalige Zwitser, werd in 1985 geboren in Genève. Als licentiaat in de rechten heeft hij altijd een echte passie voor schrijven gehad. Deze passie bleek al in zijn jonge jaren: op 10-jarige leeftijd richtte hij een natuurtijdschrift op dat hem de titel "Jongste hoofdredacteur van Zwitserland" opleverde. In 2005 werd zijn korte verhaal *De tijger* bekroond en gepubliceerd in het kader van een literaire wedstrijd. Daarna richtte hij zich op het schrijven van romans. In 2010 won *The Final Days of Our Fathers*, een historisch verhaal over de Britse bijdrage aan het Franse verzet, de Schrijversprijs van Genève, maar het zou pas in 2012 worden gepubliceerd.

DE WAARHEID OVER DE ZAAK HARRY QUEBERT

EEN SPANNENDE THRILLER

- **Genre:** Mysterie roman
- **Referentie-uitgave:** Dicker, J. (2012) *La Vérité sur l'affaire Harry Quebert*. Parijs: Éditions de Fallois.
- **Eerste uitgave:** 2012
- **Thema's:** onderzoek, moord, schrijven, informatiemaatschappij, succes

De waarheid over de zaak Harry Quebert, gepubliceerd in september 2012, is de tweede roman van Joël Dicker. Het verhaal speelt zich af aan de oostkust van de Verenigde Staten in de zomer van 2008. Marcus Goldman, een jonge romanschrijver, besluit een smerige zaak te onderzoeken waarbij zijn voormalige universiteitsprofessor betrokken is: de grote schrijver Harry Quebert, die beschuldigd wordt van de moord op een oudere dame en een 15-jarig meisje, met wie hij een romantische relatie zou hebben onderhouden. Het verhaal wordt verteld in de eerste persoon door Marcus en is bezaaid met citaten uit de in de tekst genoemde manuscripten.

Deze misdaadroman biedt ons een momentopname van de hedendaagse Amerikaanse samenleving en bruikbare inzichten over uiteenlopende onderwerpen: liefde, vriendschap, schrijven, succes en zelfs de informatiemaatschappij.

SAMENVATTING

De roman bestaat uit drie delen, elk met een titel en een ondertitel die het schrijfwerk van de verteller vermelden. Elk deel is verder verdeeld in hoofdstukken die in aflopende volgorde genummerd zijn. Het aantal hoofdstukken komt overeen met het aantal adviezen dat Harry Quebert aan Marcus Goldman had gegeven toen hij zijn professor was. Deze adviezen staan aan het begin van elk hoofdstuk. Merk op dat deze samenvatting niet de structuur van de roman volgt.

EEN MOORDDADIGE LIEFDE

Marcus Goldman, die met de publicatie van zijn eerste roman in 2006 een nieuwe ster in de Amerikaanse literatuur is geworden, heeft een gebrek aan inspiratie. Onder druk van zijn uitgever, Roy Barnaski, belt hij zijn vroegere leraar, schrijver Harry Quebert, die hem uitnodigt een paar weken bij hem thuis in Aurora door te brengen. Op 6 maart 2008, terwijl hij bij Harry thuis verblijft, verneemt Marcus een vreselijke waarheid: tijdens de zomer van 1975 onderhield de toen 34-jarige Harry een romantische relatie met de pas 15-jarige Nola Kellergan. Op 30 augustus van dat jaar verdween zij op mysterieuze wijze.

Op 12 juni 2008 krijgt Marcus een telefoontje van Harry, die hem vertelt dat Nola's lichaam is ontdekt in de tuin van Goose Cove, zijn huis. Harry is de eerste verdachte, niet alleen voor de moord op het meisje, maar ook voor die op een oude vrouw, Deborah Cooper. De media haken in op het verhaal, dat nog meer aandacht krijgt als Harry bekent dat hij verliefd was op Nola. Harry wordt gevangen gezet en Marcus verhuist naar Goose Cove om dicht bij zijn vriend te zijn.

In de gevangenis onthult Harry dat hij en Nola van plan waren samen weg te lopen op de avond van 30 augustus. Ook vraagt hij Marcus zijn manuscript *Origins of Evil* te verbranden, het meesterwerk dat zijn carrière een paar jaar eerder had gelanceerd. Al snel veroorzaakt de roman een schandaal wanneer de pers bekend maakt dat Harry het voor Nola heeft geschreven.

EEN ROTSACHTIG ONDERZOEK

Op 18 juni 2008 begint Marcus een onderzoek naar de moorden van 1975, om de waarheid aan het licht te brengen en de naam van zijn vriend te zuiveren. Hij ondervraagt de mensen van Aurora. Hij verneemt van het hoofd van de politie, Travis Dawn, dat het enige bewijsstuk van destijds, een zwarte Chevrolet, hen ertoe bracht Harry te verdenken. Bij het inspecteren van de plaats delict ontmoet hij sergeant Perry Gahalowood die hem beveelt zich niet met het onderzoek te bemoeien. Kort daarna begint Marcus anonieme bedreigingen te ontvangen en iemand steekt Harry's Corvette in brand.

Gedurende het onderzoek blijft Marcus Harry bezoeken. Hij onthult enkele feiten over zijn romance met Nola. Hij vertelt hem dat hij in de zomer van 1975 naar Clark's ging om aan zijn roman te werken en Nola, op wie hij verliefd was, te observeren. Hij noemt ook de dag die hij alleen met Nola in

Rockland doorbracht en vertelt hoe Jenny, Clark's serveerster, verliefd op hem was geworden. Bang voor zijn gevoelens voor Nola, had Harry besloten om met Jenny uit te gaan. Wanneer Marcus Jenny vraagt naar haar relatie met Harry, geeft ze toe dat ze altijd verliefd op hem is geweest.

Tijdens een van zijn bezoeken vertelt Harry Marcus over zijn tweede uitje met Jenny. Nola had hen samen gezien en werd jaloers. Die avond begon Harry met het schrijven van zijn roman.

Marcus ondervraagt dan Jenny's moeder. Ze vertelt hem dat ze in de zomer van 1975 een document ontdekte dat Harry's gevoelens voor Nola bewees. Nadat ze het aan de politiechef Pratt had laten zien, verborg ze het in Clark's kluis, maar het document verdween op mysterieuze wijze. Wanneer Marcus Robert Quinn, Jenny's vader, ondervraagt, geeft hij toe Harry's briefje, dat zijn vrouw op verzoek van Nola in de kluis had bewaard, te hebben gestolen en verbrand, wat de verdwijning ervan verklaart.

Gezien de hype die de zaak veroorzaakt, stelt Barnaski voor dat Marcus de situatie aangrijpt om een boek over het onderwerp te publiceren. Op een dag, overmand door een sterke drang om te schrijven, begint Marcus een boek over Harry te schrijven. Later zal hij een contract tekenen met Barnaski.

EEN SCHULDIGE VERDACHTE

Op 22 juni 2008 ondervraagt Marcus dominee David Kellergan, Nola's vader. Hij verneemt ook dat Nola's lichaam werd gevonden met het manuscript *Origins of Evil*, met de inscriptie: "Vaarwel, mijn lieve Nola". Vier dagen later bekent Nancy

Hattaway, een vroegere vriendin van Nola, aan de jonge romanschrijver dat Nola klaagde dat ze door haar moeder was geslagen en dat ze een relatie had met ene Elijah Stern. Het was Sterns chauffeur, Luther Caleb, die haar oppikte in Aurora. Wanneer Marcus Harry alles vertelt wat hij te weten is gekomen, geeft Harry de redenen toe achter zijn plan om met Nola te ontsnappen: het geweld waaronder het meisje thuis leed.

Vervolgens ontdekt Marcus dat Stern in 1975 de eigenaar was van Goose Cove en hij besluit naar zijn huis te gaan. Daar vindt hij een doek gesigneerd 'L.C.' waarop een naakte Nola staat afgebeeld. Harry had destijds besloten Goose Cove te verlaten, na het Aurora-zomerbal, omdat hij geen geld meer had, maar Stern had hem gevraagd te blijven als zijn gast.

Marcus deelt zijn ontdekkingen met sergeant Gahalowood die eindelijk zijn bijdragen erkent. De sergeant verneemt dat Caleb dood is aangetroffen bij een auto-ongeluk op 26 september 1975.

Op 3 juli 2008 ondervragen Gahalowood en Marcus Chief Pratt, die toegeeft seksuele betrekkingen met Nola te hebben gehad. Hij wordt aangeklaagd voor seksuele handelingen met een minderjarige. De politie doorzoekt ook de woning van Stern: de foto die Nola voorstelt wordt in beslag genomen. Op 9 juli blijkt uit het onderzoek dat de boodschap op het manuscript *Origins of Evil* niet van Harry afkomstig was en na een handschriftanalyse wordt hij vrijgelaten.

Een paar dagen later ondervraagt Gahalowood Stern en ontdekt dat hij homoseksueel is. Nola had hem om werk gevraagd om in plaats daarvan Harry's huur voor Goose Cove te kunnen betalen. Ze accepteerde Caleb's voorstel om naakt te poseren voor schilderijen.

Er ontstaan echter nieuwe bedreigingen en iemand steekt Goose Cove in brand. De politie vindt ter plaatse een gasblik waaruit ze digitale vingerafdrukken halen. Harry schopt Marcus uit zijn huis vanwege het boek dat Marcus aan het schrijven is.

Op 18 juli ondervragen Gahalowood en Marcus de zus van Caleb. Zij vertelt hen het verhaal van haar broer: hoe hij op 18-jarige leeftijd werd aangerand, de eenzaamheid die volgde, het werkvoorstel van Stern, zijn passie voor schilderen, enz. Ze vertelt hen ook dat hij verliefd was op Nola en dat hij een paar dagen voor haar was verdwenen. De verdenking richt zich nu op Caleb.

De sergeant verneemt ook dat hij stierf in een zwarte Chevrolet. Gahalowood en Marcus brengen dan een bezoek aan de politieman die Caleb's dood onderzocht: hij had destijds een verband gelegd met Nola's verdwijning, maar Pratt had dat verworpen. Daarom besluiten ze Pratt te bezoeken, om hem vervolgens dood aan te treffen.

Op 30 juli 2008 vond Nola's begrafenis plaats. Op 3 augustus blijkt uit het grafologisch onderzoek dat Caleb verantwoordelijk was voor de inscriptie op het manuscript dat Nola bij zich droeg. Een rapport concludeert daarom dat Luther Caleb de moordenaar was van Nola Kellergan en Deborah Cooper. Aan het eind van de maand rondt Marcus zijn boek af: *The Harry Quebert Affair*. Na publicatie is de roman meteen een succes.

DE VERSCHRIKKELIJKE WAARHEID

Een paar weken later belt Gahalowood Marcus om hem te vertellen over een vreselijke ontdekking: Nola's moeder was gestorven in 1969, zes jaar voor de verdwijning van haar dochter. Dan besluiten ze naar Alabama te reizen, waar ze ontdekken dat Louisa Kellergan omkwam in een huisbrand die met opzet door haar dochter was aangestoken. Daarom had Nola op 9-jarige leeftijd haar moeder vermoord. Ze was uitgedreven door constante slagen om haar van het kwaad te verlossen. Nola had toen een gespleten persoonlijkheid ontwikkeld: ze nam de rol van haar moeder aan, maar sloeg zichzelf.

Ondertussen verdwijnt Harry en laat Marcus een manuscript achter met de titel *De meeuwen van Aurora*.

Father Kellergan bevestigt de woorden van de pastoor en legt uit dat ze Alabama hadden verlaten in de hoop dat Nola beter zou worden. Maar op de avond van 30 augustus 1975 kreeg Nola een vreselijke crisis. De dominee had een breukbrief op haar bed gevonden, dezelfde brief die aan het eind van *Origins of Evil verschijnt*. Wanneer het onderzoek in het slop lijkt te raken, ontdekt de politie dat de vingerafdrukken op het gasblik dat bij Goose Cove is gevonden, toebehoren aan Robert Quinn.

Na het volgen van de nieuwe verdachte voert Gahalowood een zoektocht uit in het meer van Montburry. Duikers vinden een pistool en een gouden ketting met de naam 'Nola' erop geschreven. Bij ondervraging richt Travis, Jenny's echtgenoot, de verdenking op zijn stiefvader door vals bewijs te leveren. Robert geeft de moord op Nola en Deborah Cooper toe, maar zijn verhaal klopt niet met het andere bewijsmateriaal dat tijdens het onderzoek is gevonden.

Daarom beseft Gahalowood dat het door Travis geleverde bewijs vals is. Robert geeft eindelijk toe dat hij zijn dochter Jenny en Travis beschermt, die samen met Pratt de echte daders waren van de moorden op Nola Kellergan, Deborah Cooper en Luther Caleb. Bovendien was het Travis die Pratt vermoordde, omdat hij op het punt stond hun misdaden te onthullen. Jenny en Travis worden vervolgens gearresteerd.

Op 18 december 2008 verschijnt Harry bij Marcus thuis. Marcus vertelt hem dat Stern deel uitmaakte van de bende die Caleb aanviel toen hij 18 was. Hij had hem ingehuurd omdat hij zich schuldig voelde. Toen Stern hem de correspondentie tussen Caleb en Nola had laten zien, begreep Marcus dat Caleb de auteur was van *Origins of Evil*. Harry had alleen *De Meeuwen van Aurora* geschreven. Harry legt uit dat toen Caleb hem zijn manuscript gaf om het te lezen, hij meteen wist dat het een meesterwerk was. Bij de dood van Caleb had hij besloten zich zijn verhaal toe te eigenen: hij had dus zijn carrière gebouwd op een leugen. Voordat hij Marcus voorgoed verlaat, vraagt Harry hem de waarheid over zijn verhaal op te schrijven.

KARAKTERSTUDIE

MARCUS GOLDMAN

Marcus, de hoofdverteller, is een succesvolle jonge schrijver. Hij is geboren in een middenklasse gezin en heeft altijd maar één ambitie gehad: een beroemd auteur worden. Op het moment van de Quebert-affaire, in 2008, is hij 30 en al auteur van een eerste bestseller. Hij bereidt ook de publicatie van een tweede voor. We weten bijna niets van zijn uiterlijk, behalve dat verschillende personages hem aantrekkelijk vinden.

Over zijn verleden vertelt hij zelf (hoofdstukken 30 en 28) door te zinspelen op zijn jaren op Newark High School en zijn universitaire studie aan Burrows. Niet in staat om uitdagingen aan te gaan omdat hij doodsbang was om te falen, slaagde Marcus erin anderen een buitengewoon beeld van zichzelf te geven door vals te spelen met zijn capaciteiten en de confrontatie te vermijden met degenen die hem konden verslaan. Op de middelbare school kreeg hij de bijnaam 'Formidable'. Op Burrows was zijn ontmoeting met Harry Quebert, een literatuurleraar en vermaard schrijver, cruciaal. Op dat moment werd Marcus zich bewust van zijn ware talent. Harry pushte hem om zijn grenzen te verleggen. Ze kregen een speciale leraar-leerling relatie. Tijdens hun ontmoetingen gaf Harry hem advies over schrijven of over het leven door middel van verhalen over boksen, hun gemeenschappelijke passie.

Wanneer op 12 juni 2008 de zaak Harry Quebert ontploft, begrijpt Marcus dat hij naar New Hampshire moet om zijn leraar en vriend te verdedigen. Hij begint de mysterieuze gebeurtenissen van 1975 te onderzoeken door sergeant Gahalowood te helpen. De resultaten van het eerste deel van het onderzoek zijn het onderwerp van zijn eerste boek: *The Harry Quebert Affair*, dat in de herfst van 2008 uitkomt. De opeenvolgende ontdekkingen zetten hem aan tot het schrijven van een tweede boek: *The Truth About the Harry Quebert Affair*.

HARRY QUEBERT

Harry Quebert is 67 jaar oud als hij op 12 juni 2008 door de politie wordt gearresteerd. Hij is de hoofdverdachte voor de dood van Nola Kellergan en Deborah Cooper, die op 30 augustus 1975 werden vermoord.

We weten dat hij altijd zeer elegant is geweest. Toen hij jong was, woonde hij in New York, waar hij les gaf en ervan droomde een groot schrijver te worden. In de zomer van 1975 vestigde hij zich in Aurora, New Hampshire, waar hij, ondanks het leeftijdsverschil, verliefd werd op Nola. Hij had een grote romance met haar die hem inspireerde tot het schrijven van een roman: *The Gulls of Aurora*. Kort voor Nola's verdwijning gaf Luther Caleb hem zijn eerste stuk te lezen en van commentaar te voorzien. Harry herkende onmiddellijk dat Caleb's verhaal een meesterwerk was. Na Nola's verdwijning en Caleb's dood besloot hij zich het boek toe te eigenen, dat hij in 1976 publiceerde onder de titel *Origins of Evil* en waarmee hij literaire faam verwierf. In 2008 leiden zijn arrestatie en de ontdekking van zijn relatie met een 15-jarig meisje tot zijn val. Overmand door schaamte biecht hij alles op aan Marcus, maar weigert diens vriendschap.

NOLA KELLERGAN

Nola Kellergan was de enige dochter van David en Louisa Kellergan, evangelisten uit de zuidelijke staten. Geboren in 1960 in Jackson, Alabama, verhuisde Nola in de herfst van 1969 met haar vader naar Aurora. De bewoners hielden van dit meisje dat "zachtaardig en zorgzaam was, overal goed in en altijd stralend" (p. 65).

Tijdens het onderzoek verneemt Marcus dat zij op 15-jarige leeftijd "een mooie jonge vrouw was met mooie benen, royale borsten en het gezicht van een engel" (p. 172). Ze had blond golvend haar en groene ogen. Ze liet de hoofden van mannen al draaien. Hij leert ook dat achter haar vrolijke persoonlijkheid een ernstige psychose schuilging die de dood van haar moeder en het geweld dat ze zichzelf aandeed, veroorzaakte.

Tijdens de zomer van 1975 had ze een romantische relatie met Harry Quebert die werd onderbroken op 30 augustus 1975, de dag van haar verdwijning en haar dood. Haar lichaam werd 30 jaar later, op 12 juni 2008, gevonden in Harry's tuin, toen hij zijn hortensia's aan het planten was. Het was deze ontdekking die het onderzoek in 2008 in gang zette.

PERRY GAHALOWOOD

Perry Gahalowood is de sergeant van de staatspolitie. We weten dat hij zwart is en een aanhanger van Barack Obama.

Zijn lichaamsbouw is krachtig en gedrongen en zijn onbeschofte manieren kunnen een slechte eerste indruk geven. Marcus beschrijft hem als "een norse man die erg koppig is" (p. 112). Als verantwoordelijke voor het onderzoek naar de dood van Nola Kellergan stelt hij zich tijdens hun eerste ontmoeting zeer streng op tegenover de schrijver. Maar gaandeweg raken ze bevriend en werken ze samen aan de zaak. We beseffen al snel dat de sergeant eigenlijk een heel zachtaardige en gevoelige man is, verbitterd door zijn werk. Hij is het die Marcus bijstaat in de moeilijkste momenten van het onderzoek.

TRAVIS DAWN

In 2008 is Travis Dawn hoofd van de Aurora politie en getrouwd met Jenny. Hij nam deel aan het onderzoek naar de verdwijning van Nola en de dood van Deborah Cooper in 1975. Marcus ondervraagt hem verschillende keren. Zijn uiterlijk is bedrieglijk: Travis lijkt altijd beschikbaar en vriendelijk, en hij wordt nooit boos. Toch ontdekken we aan het eind van het verhaal dat hij samen met Chief Pratt verantwoordelijk is voor de dood van drie mensen: Luther Caleb, Nola Kellergan en Deborah Cooper. Hij doodt ook zijn voormalige chef en medeplichtige voordat hij de waarheid over hun daden onthult.

CHIEF PRATT

Chief Pratt was het hoofd van de Aurora politie in de zomer van 1975. Hij is een zeer zachtaardige man, maar hij compromitteerde zichzelf destijds door seksuele relaties te hebben met Nola Kellergan. In 1975 leidt hij samen met politieagent Travis Dawn het onderzoek naar de sterfgevallen waarvoor hij verantwoordelijk is. Zowel detective als moordenaar wordt hij overvallen door een immens schuldgevoel. In de herfst van 2008 staat hij op het punt alles aan de politie te onthullen, maar Travis doodt hem voordat hij kan spreken.

LUTHER CALEB

Luther Caleb is in het onderzoek twee keer gepresenteerd als slachtoffer en twee keer als zondebok. Het slachtoffer van een ongelooflijk gewelddadige mishandeling, die zijn lichaam en zijn leven misvormde vanaf zijn 18e, hij was een man die mensen bang maakte met zijn uiterlijk, maar in staat was tot grote lieflijkheid. Zeer goed in kunst, hij was een uitstekend schilder en een groot schrijver. In 1975, verliefd op Nola die hij de hele dag schilderde, schreef hij haar een uitzonderlijke roman die de *Oorsprong van het Kwaad* werd. Hij werd het-zelfde jaar op brute wijze vermoord.

ELIJAH STERN

Elijah Stern is een van de rijkste mannen in New Hampshire en de vroegere eigenaar van Goose Cove, het kusthuis waar Harry dertig jaar woonde.

Toen hij in zijn jonge jaren op de universiteit zat, maakte hij deel uit van een bende die 'Field goal' heette en die enkele weekends lang terreur zaaide in de Maine. Dronken sloegen hij en zijn vrienden iedereen die hun pad kruiste en vermaakten zich door mensen tegen het hoofd te schoppen alsof het een bal was. Dit ging zo door tot ze Luther Caleb tegenkwamen:

deze laatste aanval was zo gewelddadig dat hij bijna stierf. Stern heeft dit geheim, dat hem kwelt, lang bewaard. Om zijn fout goed te maken, huurt hij Luther in als chauffeur en geeft hem alles wat hij vraagt. Hij laat hem Nola naakt schilderen bij hem thuis om zijn verlangens te bevredigen. Tijdens het onderzoek in 2008 zou hij een affaire hebben gehad met Nola Kellergan. In werkelijkheid is Stern homo.

RAY BARNASKI

Roy Barnaski is Marcus' redacteur, eigenaar van de prestigieuze uitgeverij Schmid & Hanson. Begaafd met een sterk zakelijk inzicht, deelt hij vaak zijn mening met Marcus over de uitgeversbranche, maar ook over publieke belangen en behoeften. Hij is een echte haai op zijn gebied, een machtig en gewetenloos man, die zijn auteurs vraagt om trashy boeken "met spanning, smerigheid en een vleugje seks". Hij biedt Marcus een contract van een miljoen dollar in ruil voor een boek over de affaire Harry Quebert.

ANALYSE

EEN MYSTERIEUZE ROMAN

De kenmerken van een mysterieroman

De waarheid over de zaak Harry Quebert valt in het genre van de detectiveroman. Dit genre, zeer gecodeerd en gemakkelijk herkenbaar, kan echter ten minste drie verschillende vormen (of subgenres) aannemen: de mysterieroman, de noir-fictie en de thriller-roman.

Een detectiveroman kan worden gekenmerkt door de focus op ernstige, juridisch verwerpelijke (althans zo zou het moeten zijn) misdaad. De uitdaging is, afhankelijk van de roman, uit te vinden wie deze misdaad heeft gepleegd (mysterieroman) en hoe er een eind aan te maken en/of te zegevieren over de dader (zwart fictie) of hoe deze te vermijden (thriller roman).

Het kader van de roman is dus zowel juridisch als crimineel, want de mysterieroman is het symbolische referentiepunt, met enkele bepalende structurele elementen: een externe onderzoeker op de zaak, een duale en regressieve structuur (het onderzoek begint na de misdaad, maar naarmate het vordert wordt gereconstrueerd wat er vóór de misdaad is gebeurd), de essentiële plaats die wordt toegekend aan de hermeneutische code (de gestelde vraag en de vertraging in de oplossing ervan: enigma, geheimen, gedeeltelijke oplossing, aanwijzing, lokvogel, dubbelzinnigheid…), de veralgemening van geheimhouding (iedereen verbergt iets), universele verdenking, de tegenstelling tussen zijn en lijken…De mysterieroman wordt geconstrueerd door een centrale plaats toe te kennen aan het onderzoek dat het verhaal van de misdaad construeert (Reuter, 1997: 9-10).

In het licht van deze analyse van de detectiveroman is het duidelijk dat de plot van Dicker's roman behoort tot het subgenre van de mysterieroman. Let vooral op:

- De aanwezigheid van ten minste één slachtoffer (aan het begin van de roman), die een onderzoek in gang zet);

- Een dubbele structuur die bestaat uit twee verhalen (het misdrijf en het onderzoek, waarbij het tweede tot doel heeft het eerste te reconstrueren);

- Een intellectueel spel tussen de detective en de crimineel dat tegelijkertijd een intellectueel spel is tussen de auteur en de lezer;

- Een specifieke manier om informatie over de misdaad te organiseren door middel van aanwijzingen en lokvogels.

De slachtoffers, de rechercheurs en het onderzoek

Zoals elke detective-mysterie roman, presenteert *The Truth About the Harry Quebert Affair* een slachtoffer aan het begin van de tekst: in hoofdstuk 30 kondigt de verteller de ontdekking aan van het lichaam van Nola Kellergan, dat al 33 jaar vermist was. Deze gebeurtenis leidt tot het onderzoek van brigadier Gahalowood naar de moorden op Nola en Deborah Cooper, het tweede slachtoffer, dat eveneens op de avond van 30 augustus 1975 werd vermoord. Naarmate de plot vordert, duiken andere slachtoffers op uit het verleden: Louise Kellergan en Luther Caleb, wiens mysterieuze dood nooit is onderzocht. Tenslotte wordt een van de criminelen slachtoffer: de voormalige politiechef Pratt. Alleen hij belichaamt de drie typische karakters van het detective-genre: moordenaar (in de nacht van 30 augustus 1975), detective naar de dood van Deborah Cooper en de verdwijning van Nola (september-oktober 1975) en slachtoffer (in 2008).

Zo'n overvloed aan slachtoffers compliceert de plot, vooral omdat het gepaard gaat met een overvloed aan daders: Chief Pratt en Travis Dawn (verantwoordelijk voor de moorden), Harry Quebert (omdat hij het manuscript van de *Oorsprong van het Kwaad heeft* gestolen en een redactionele schijnvertoning heeft gepleegd), Elijah Stern (verantwoordelijk voor de aanslag op Luther Caleb) en Nola Kellergan (omdat ze haar eigen moeder heeft vermoord).

De ontdekking van het lichaam van Nola leidt tot het begin van het onderzoek met als doel het mysterie op te lossen door middel van aanwijzingen en logisch redeneren. In deze roman wordt het onderzoek verdubbeld of zelfs vermenigvuldigd. De verteller, Marcus Goldman, doet zijn eigen onderzoek om de naam van Harry Quebert te zuiveren, aangezien hij is beschuldigd van dubbele moord en ontvoering. Dit onderzoek staat aanvankelijk haaks op het officiële onderzoek, dat Harry Quebert beschuldigt op basis van twee elementen: de vondst van Nola's lichaam in de tuin van de schrijver en de aanwezigheid van het manuscript *Origins of Evil* in de tas van het slachtoffer. Deze onderzoeken komen samen wanneer sergeant Gahalowood de bijdragen van Marcus Goldman aanneemt. Tegen het einde van het verhaal wordt een derde onderzoek uitgevoerd: dat naar het auteurschap van *Origins of Evil* en *The Gulls of Aurora*.

Het intellectuele spel

Elk detectiveverhaal is gebaseerd op een intellectueel spel: de schrijver stelt zijn publiek een raadsel voor en strooit daartoe aanwijzingen in de tekst (bijvoorbeeld het onderzoeksrapport uit 1975) en lokkertjes (het vermeende geweld van Nola's moeder) om de veronderstellingen van de lezer te bevorderen of terug te draaien. Tussen beide instanties wordt zo een pact gesloten, dat zich in het geval van de detectiveroman vertaalt in de absolute aanvaarding door de lezer van de door de auteur geleverde informatie. In ruil daarvoor moet de auteur speciale aandacht besteden aan de volgorde van zijn onthullingen: het doel is de lezer een stap voor te blijven, anders zou het mogelijk zijn het einde van het verhaal te raden voordat het is afgerond en daarmee alle gevoelens van spanning teniet te doen.

Dit intellectuele spel wordt verdubbeld door de tweede uitdaging die Harry aan Marcus, en bij uitbreiding aan het publiek, geeft: licht werpen op het vreemde manuscript *Origins of Evil* met, als extra stimulans, de wetenschap dat dit onherroepelijk het einde van hun vriendschap zou betekenen.

Merk ten slotte op dat deze roman een ander kenmerk van het detective-genre vertoont: het onderzoek heeft over het algemeen een nauwkeurig omschreven tijdslimiet die vrij kort is. Hoewel het gaat om misdaden die 33 jaar geleden zijn gepleegd, duurt het onderzoek naar de dood van Nola Kellergan en Deborah Cooper ongeveer vijf maanden: van de zomer tot de herfst van 2008. De verteller is zorgvuldig om ons precies en nauwkeurig te informeren over de data. We weten dat het officiële onderzoek op 12 juni 2008 begint en begin november afloopt.

VERDERE REFLECTIE

ENKELE VRAGEN OM OVER NA TE DENKEN...

- Marcus lijkt de literaire visie van zijn uitgever te verwerpen, maar staan zijn boek en activiteiten werkelijk haaks op de ideeën van Barnaski?

- Aan het eind van de roman leren we dat Harry zijn carrière bouwde op een grote leugen. Zie je enige overeenkomsten tussen zijn karakter en de verteller?

- In zijn veertiende advies aan Marcus zegt Harry: "Onze maatschappij is zo ingericht dat je voortdurend moet kiezen tussen rede en passie. De rede heeft nog nooit iemand goed gedaan en passie is altijd destructief". Reageer op dit citaat. Leunde Harry volgens jou meer naar rede of passie in zijn relatie met Nola?

- In de roman *Origins of Evil*, het meesterwerk van Harry Quebert/Luther Caleb, wordt niet alleen door critici, maar ook door het publiek zeer geprezen. Het verkoopt zeer goed. Dit lijkt de volgende hypothese te impliceren: een goed boek maakt een bestseller. Is een bestseller volgens u altijd een goed boek? Zijn er uitzonderlijke boeken die geen bestseller zijn?

- Het meta narratief wordt beschouwd als een kenmerk van de twintigste eeuw, uit de periode die literatuurhistorici het postmodernisme noemen. Verklaar de kenmerken ervan in *De waarheid over de zaak Harry Quebert*. Ken je andere werken uit de hedendaagse Franse literatuur die een meta narratief presenteren?

- In hoeverre kunnen we zeggen dat deze roman verwant is aan noir fictie? Vergelijk het in je antwoord met enkele bekende voorbeelden.

VERDER LEZEN

REFERENTIE-UITGAVE

Dicker, J. (2012) *La Vérité sur l'affaire Harry Quebert*. Parijs: Éditions de Fallois.

REFERENTIESTUDIES

Dubois, J. (1992) *Le Roman policier ou la Modernité*. Parijs: Nathan.

Reuter, Y. (1997) *Le Roman policier*. Parijs: Nathan.

*We horen graag van jou! Laat
een reactie achter op jouw online bibliotheek
en deel je favoriete boeken op social media!*